Impressum
Verlag: BABADADA GmbH, Nedderfeld 112 , 22529 Hamburg
Geschäftsführer / Verlagsleitung: Harald Hof
Druck: Books on Demand GmbH, In de Tarpen 42, 22848 Norderstedt

Imprint
Publisher: BABADADA GmbH, Nedderfeld 112 , 22529 Hamburg, Germany
Managing Director / Publishing direction: Harald Hof
Print: Books on Demand GmbH, In de Tarpen 42, 22848 Norderstedt

classroom
صنف درسی

divide
تقسیم کردن

186/2

board
تخته

school yard
حیاط مکتب

teacher
معلم

write
نوشتن

paper
کاغذ

pen
خودکار

desk
میز کار

ruler
خط کش

book
کتاب

pupil
شاگرد

satchel

بیگ مکتب

pencil case

قلم دانی

pencil

پنسل

pencil sharpener

پنسل تراش

rubber

پنسل پاک

drawing pad

کتابچه رسم

drawing

نقاشی

paintbrush

برس رنگ زنی

paint box

بکسک رنگه

scissors

قیچی

glue

سریش

exercise book

کتاب تمرین

homework

کار خانگی

12

number

عدد

2+2

add

جمع کردن

5-2

subtract

تفریق کردن

2×2

multiply

ضرب کردن

calculate

حساب کردن

A

letter

حرف

ABCDEFG HIJKLMN OPQRSTU VWXYZ

alphabet

الفبا

hello

word

کلمه

text

متن

read

خواندن

chalk

تباشیر

lesson

درس

register

ثبت نام

examination

امتحان

certificate

تصدیقنامه

school uniform

یونیفورم مکتب

education

تحصیل

encyclopedia

دانشنامه

university

پوهنتون

microscope

مایکروسکوپ

map

نقشه

waste-paper basket

سبد کاغذ باطله

hotel
هوتل

hostel
لیلیه

currency exchange office
دفتر صرافی

car
موتر

language

زبان

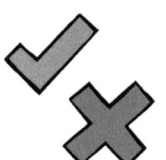

yes / no

بلی / نخیر

Okay

بسیار خوب

hello

سلام

translator

مترجم

Thank you

تشکر از شما

how much is…?

قیمتش چقدر است؟

I don´t get it

نمی فهمم

problem

مشکل

Good evening!

عصر بخیر! / شب بخیر!

Good morning!

صبح بخیر!

Good night!

شب بخیر!

goodbye

خداحافظ

direction

مسیر

luggage

بار مسافر

bag

بیگ

backpack

بیگ پشتکی

guest

مهمان

room

اطاق

sleeping bag

بستره خواب سیار

tent

خیمه

tourist information

معلومات توریستی

beach

ساحل

credit card

کریدیت کارت

breakfast

صبحانه

lunch

طعام چاشت

dinner

غذای شام

Ticket

تکت

elevator

لفت

stamp

مهر

border

مرز

customs

گمرک

embassy

سفارتخانه

visa

ویزه

passport

پاسپورت

airplane
طیاره

ship
کشتی

fire truck
موتر اطفاییه

bus
بس

truck
لاری

motorboat
قایق موتوری

car
موتر

bike
بایسکل

ferry

کشتی

boat

قایق

motorbike

موترسایکل

police car

موتر پولیس

racing car

موتر مسابقه

rental car

موتر کرایی

car sharing

اشتراک وسایط

tow truck

جرثقیل

garbage truck

موتر حمل زباله

engine

موتور

fuel

تیل

fuel station

تانک تیل

traffic sign

علامت ترافیکی

traffic

عبور و مرور

traffic jam

راه‌بندان

parking lot

پارک وسایط

train station

ایستگاه ریل

tracks

خط ریل

train

ریل

tram

ریل برقی

wagon

واگن

helicopter

هلیکوپتر

airport

میدان هوایی

tower

برج

passenger

مسافر

container

کانتینر

carton

کارتن

cart

گادی

basket

سبد

take off / land

پرواز کردن / فرود آمدن

city

شهر

village

قریه

city center

تیاتر شهر

house

خانه

- movie theater — سینما
- advert — اعلان
- street light — چراغ سرک
- street — سرک
- taxi — تکسی
- snack shop — فروشگاه اسنک
- pedestrian — عابر پیاده
- sidewalk — پیاده رو
- zebra crossing — خطوط عابر پیاده
- dumpster — سطل آشغال
- crossing — چهار راهی
- traffic lights — چراغ راهنمایی

CINEMA

hut

کلبه

apartment

آپارتمان

train station

ایستگاه ریل

city hall

تالار شهر

museum

موزیم

MUSEUM

school

مکتب

university

پوهنتون

bank

بانک

hospital

شفاخانه

hotel

هوتل

pharmacy

دواخانه

office

دفتر

book shop

کتابفروشی

shop

مغازه

flower shop

گل فروشی

supermarket

سوپر مارکیت

market

فروشگاه

department store

فروشگاه

fishmonger's shop

ماهی فروشی

mall

مرکز خرید

harbor

بندر

park

پارک

bench

دراز چوکی

bridge

پل

stairs

زینه ها

subway

مترو

tunnel

تونل

bus stop

ایستگاه بس

bar

میخانه

restaurant

رستورانت

postbox

صندوق پست

street sign

علامت سرک

parking meter

ماشین پارکو متر

zoo

باغ وحش

swimming pool

حوض آببازی

mosque

مسجد

farm

مزرعه

pollution

آلوده گی

cemetery

قبرستان

church

کلیسا

playground

میدان بازی

temple

معبد

landscape
چشم انداز

signpost
لوحه

path
راه

meadow
علفزار

stone
سنگ

tree
درخت

hiker
کوهنورد

river
دریا

grass
علف

flower
گل

valley

دره

hill

تپه

lake

دریاچه

forest

جنگل

desert

صحرا

volcano

آتشفشان

castle

قلعه

rainbow

رنگین کمان

mushroom

سمارق

palm tree

درخت آلو

mosquito

پشه

fly

مگس

ant

مورچه

bee

زنبور

spider

عنکبوت

beetle

قانغوزک

frog

بقه

squirrel

موش خرما

hedgehog

خارپشت

hare

خرگوش صحرایی

owl

بوم

bird

پرنده

swan

مرغابی

boar

خوک وحشی

deer

گوزن

moose

گوزن شمالی

dam

بند آب

wind turbine

توربین بادی

solar panel

صفحه خورشیدی

climate

آب و هوا

waiter
پیشخدمت

menu
مینوی غذا

chair
چرکی

soup
سوپ

pizza
پیتزا

cutlery
قاشق و پنجه و کارد

tablecloth
روی میزی

starter
پیش غذا

main course
غذای اصلی

dessert
شیرینی

drinks
نوشیدنی ها

food
غذا

bottle
بوتل

fast food

فاست فود

street food

غذای کنار سرک

teapot

چاینک/ترموز

sugar bowl

قندانی

portion

بخش غذا

espresso machine

دستگاه اسپرسو

high chair

چوکی بلند

bill

بل

tray

پطنوس

knife

چاقو

fork

پنجه

spoon

قاشق

teaspoon

قاشق چای خوری

serviette

دستپاک دسترخوان یا میز

glass

گیلاس

plate

بشقاب

soup plate

بشقاب سوپ

saucer

نعلبکی

sauce

چاشنی

salt shaker

نمکدان

pepper mill

آسیاب مرچ

vinegar

سرکه

oil

روغن خوراکی

spices

ادویه

ketchup

کچاپ

mustard

ساس خردل

mayonnaise

مایونز

special offer
پیشنهاد خاص

customer
مشتری

dairy products
لبنیات

FOR

fruit
میوه

shopping cart
چرخ دستی

butcher's shop

قصابی

bakery

نانوایی

weigh

وزن کردن

vegetables

سبزیجات

meat

گوشت

frozen food

غذای منجمد

cold cuts

غذای سرد

canned food

غذای کنسر شده

detergent

پودر رختشویی

candy

شیرینی

household products

لوازم خانگی

cleaning products

محصولات پاک کننده

sales representative

فروشنده

cash register

دخل پیسه

cashier

صندوقدار

shopping list

لست خرید

opening hours

ساعات کاری

wallet

بکسک جیبی

credit card

کریدیت کارت

bag

بیگ

plastic bag

بیگ پلاستیکی

water

آب

juice

جوس

milk

شیر

coke

نوشابه

wine

شراب

beer

بیر

alcohol

الکل

cocoa

کاکو

tea

چای

coffee

قهوه

espresso

أسپرسو

cappuccino

کاپوچینو

banana

کیله

apple

سیب

orange

مالته

melon

تربوز

lemon

لیمو

carrot

زردگ

garlic

سیر

bamboo

چوب خیزران

onion

پیاز

mushroom

سمارق

nuts

مغزیات

noodles

آش

spaghetti

مکرونی

rice

برنج

salad

سلاد

fries

چیپس

fried potatoes

کچالو سرخ کرده

pizza

پیتزا

hamburger

همبرگر

sandwich

ساندویچ

escalope

کتلت

ham

همبرگر

salami

سالامی

sausage

ساسچ

chicken

مرغ

roast

کباب

fish

ماهی

porridge oats

فرنی جو

muesli

صبحانه رژیمی

cornflakes

کورن فلکس

flour

آرد

croissant

کروسانت

bread roll

قرص نان

bread

نان خشک

toast

توست / نان بریان

cookies

بیسکیت

butter

مسکه

curd

چکه

cake

کیک

egg

تخم مرغ

fried egg

تخم مرغ سرخ شده

cheese

پنیر

ice cream

آیسکریم

sugar

شکر

honey

عسل

jelly

مربا

nougat cream

مسکه چاکلیت

curry

زردچوبه هندی

goat

بز

cow

گاو

calf

گوساله

pig

خوک

piglet

خوکچه

bull

گاو نر

goose

قاز

duck

مرغابی

chick

جوجه مرغ

hen

مرغ

cockerel

خروس

rat

موش صحرایی

cat

پیشک

mouse

موش

ox

گاومیش

dog

سگ

dog house

خانه سگ

garden hose

خانه باغ

watering can

آبپاش

scythe

داس

plow

قولبه کردن

sickle

داس

hoe

کج بیل

pitchfork

چنگال باغبانی

axe

تبر

pushcart

کراچی

trough

تغار

milk can

قوطی شیر

sack

بوجی

fence

دیوار مرزی از چوب یا سیم خار دار

stable

پایدار

greenhouse

گلخانه

soil

خاک

seed

تخم

fertilizer

کود

combine harvester

ماشین درو وخرمنکوبی

harvest

درو کردن

harvest

درو

yams

کچالو شرین

wheat

گندم

soya

سویا

potato

کچالو

corn

جواری

rapeseed

کلزا

fruit tree

درخت میوه

manioc

مانیوک

grain

غلات و حبوبات

خانه

living room

اطاق نشيمن

bathroom

حمام / دستشويی

kitchen

آشپزخانه

bedroom

اطاق خواب

kids room

اطاق اطفال

dining room

اطاق پذيرايی

floor

کف زمین

wall

دیوار

ceiling

سقف

cellar

گودام زیر زمینی

sauna

سونا

balcony

بالکن

terrace

برنده / بالکن

pool

حوض

lawn mower

ماشین درو کردن چمن

sheet

ورق کاغذ

bedspread

روجایی

bed

تختخواب

broom

جارو

bucket

سطل

switch

سویچ

carpet

فرش

drape

پرده

table

میز

chair

چوکی

rocking chair

چوکی گهواره یی

armchair

چوکی دسته دار

book

کتاب

blanket

کمپل

decoration

دکوراسیون

firewood

هیزم

film

فلم

stereo system

سیستم های فای

key

کلید

newspaper

روزنامه

painting

تابلوی نقاشی

poster

پوستر

radio

رادیو

notebook

دفتر

vacuum cleaner

جاروبرقی

cactus

کاکتوس

candle

شمع

fridge
یخچال

microwave oven
منقل مایکروویو

kitchen scales
ترازوی آشپزخانه

toaster
تستر

laundry detergent
مواد شوینده

freezer
یخ دانی

stove
داش

dishwasher
ظرفشویی

cooker

منقل

pot

دیگ

cast-iron pot

دیگ چدنی

wok / kadai

کراهی

pan

تابه

kettle

چای جوش

steamer

بخارپز

baking tray

پطنوس طباخی

crockery

ظروف

mug

پیاله کلان

bowl

کاسه

chopsticks

چاپستیک ها

ladle

ملاقه

spatula

کفگیر

whisk

مخلوط کننده

strainer

چلو صاف

sieve

غلبیل

grater

رنده

mortar

هاونگ

barbecue

بار بیکیو

fireplace

آتش باز

chopping board

تخته برش

rolling pin

آشگر

corkscrew

سر بازکن

can

قوطی

can opener

سر باز کن

oven cloth

دستگیره تکه ای

sink

ظرف شویی

brush

برس ظرف شویی

sponge

اسفنج

blender

مخلوط کن

deep freezer

فریزر

baby bottle

شیر چوشک اطفال

tap

نل آب

shower
شاور

heating
گرم کننده

towel
جان پاک

shower curtain
پرده حمام

bubble bath
حمام کف

bathtub
تب حمام

glass
گیلاس

washing machine
ماشین لباسشویی

tap
نل آب

tiles
کاشی

potty
پات اطفال

sink
ظرف شویی

toilet

تشناب

squat toilet

کمود فرشی

bidet

کمود

urinal

تشناب مرد ها

toilet paper

کاغذ تشناب

toilet brush

برس کمود

toothbrush

برس دندان

toothpaste

کریم دندان

dental floss

نخ دندان

wash

شستن

hand shower

شاور دستی

douche

شاور کمود

basin

دستشویی

back brush

برس پشت

soap

صابون

shower gel

جل حمام

shampoo

شامپو

flannel

لیف

drain

آب رو

creme

کریم

deodorant

بوزدا

mirror

آینه

hand mirror

آینه دستی

razor

ریش تراش

shaving foam

کف ریش تراشی

aftershave

کلونیا

comb

شانه موی

brush

برس

hair-dryer

سشوار

hairspray

اسپری مو

makeup

أرايش

lipstick

لب سرین

nail varnish

رنگ ناخن

cotton wool

پشم پنبه

nail scissors

ناخن گیر

perfume

عطر

washbag

کیسه شستشو

stool

چوکی چار پایه

weighing scales

ترازوی وزن

bathrobe

جان پاک

rubber gloves

دستکش پلاستیکی

tampon

تامپون

sanitary towel

کوتکس

chemical toilet

تشناب سیار

alarm clock
ساعت زنگ دار

cuddly toy
گدی های نرم

toy car
موتر سامان بازی

rattle
جرنگانه

doll's house
خانه گدی

present
هدیه

balloon
....
پوقانه

bed
....
تختخواب

stroller
....
ریکشه اطفال

deck of cards
....
قطعه بازی

jigsaw
....
پازل

comic
....
خنده آور

lego bricks

خشت های لگو

toy blocks

بلوک های سامان بازی

action figure

پپه فلم

romper suit

لباس طفل

frisbee

فریزبی

mobile

سامان بازی که روی تخت خواب اطفال
اویزان می شود

board game

بازی تخته یی

dice

تاس

model train set

ریل اسباب بازی

pacifier

چوشک

party

مهمانی

picture book

کتاب تصویری

ball

توپ

doll

گدیگک

play

بازی کردن

sandpit

جعبه ریگ

swing

گاز

toys

اسباب بازی

video game console

کنسول بازی کمپیوتری

tricycle

سه چرخه

teddy bear

خرس سامان بازی

wardrobe

الماری لباس

clothing

لباس

socks

جوراب

stockings

جوراب دراز

tights

برجس

scarf
چادر سر

umbrella
چتری

t-shirt
بلوز

belt
کمربند

boots
بوت

slippers
چپلک

sneakers
کرمچ

sandals
....
چپلی

shoes
....
بوت

rubber boots
....
موزه پلاستیکی

underwear
....
نیکر

bra
....
واسکت زنانه

undershirt
....
واسکت

body

بدن

pants

برزو

jeans

پتلون کاوبای

skirt

دامن

blouse

بلوز

shirt

پیراهن

pullover

یالان

sweater

جاکت کلاه دار

blazer

جاکت

jacket

چمپر

coat

کورتی

raincoat

کوت بارانی

costume

لباس مخصوص مراسم

dress

پیراهن

wedding dress

لباس عروسی

suit

دریشی

nightgown

لباس خواب

pajamas

پاجامه

sari

ساری

headscarf

چادر سر

turban

لنگی

burka

چادری

kaftan

کفتان

abaya

چادر

swimsuit

لباس آببازی

trunks

نیکر پاچه دار

shorts

پتلون نصفه

tracksuit

لباس ورزشی

apron

پیش بند

gloves

دستکش

button

دکمه

glasses

عینک

bracelet

دستبند

necklace

گردن بند

ring

انگشتر

earring

گوشواره

cap

کلاه پیک دار

coat hanger

کوت بند

hat

کلاه

tie

نیکتایی

zip

زیپ

helmet

کلاه مصون

braces

بند تنبان

school uniform

یونیفورم مکتب

uniform

یونیفورم

bib

پیش بند

pacifier

چوشک

diaper

پمپر

server
سرور

filing cabinet
الماری اسناد

printer
پرینتر

paper
کاغذ

monitor
مانیتور

mouse
ماوس

desk
میز کار

folder
فولدر

keyboard
کیبورد

chair
چوکی

waste-paper basket
سبد کاغذ باطله

computer
کمپیوتر

coffee mug

گیلاس قهوه

calculator

ماشین حساب

internet

اینترنت

laptop

لپ تاپ

letter

نامه

message

پیام

cell phone

موبایل

network

شبکه

photocopier

ماشین فوتوکاپی

software

نرم افزار

telephone

تلیفون

plug socket

پلک

fax machine

دستگاه فکس

form

فورمه

document

سند

buy

خرید کردن

pay

پرداختن

trade

تجارت کردن

money

پول

 USD

dollar

دالر

 EUR

euro

یورو

 JPY

yen

ین

 RUB

rouble

روبل

 CHF

Swiss franc

فرانک سوئیس

 CNY

renminbi yuan

یوان رنمینبی

 INR

rupee

روپیه

cash point

خودپرداز

currency exchange office

....

دفتر صرافی

gold

....

طلا

silver

....

نقره

oil

....

نفت

energy

....

انرژی

price

....

قیمت

contract

....

قرارداد

tax

....

مالیات

stock

....

سهام

work

....

کار کردن

employee

....

کارمند

employer

....

استخدام کننده

factory

....

فابریکه

shop

....

مغازه

police officer
افسر پولیس

fireman
آتش نشان

cook
آشپز

doctor
داکتر

pilot
پیلوت

gardener

باغبان

carpenter

نجار

seamstress

خیاط

judge

قاضی

chemist

کیمیا دان

actor

بازیگر

bus driver

راننده بس

taxi driver

راننده تکسی

fisherman

ماهیگیر

cleaning lady

خدمه

roofer

سقف ساز

waiter

پیشخدمت

hunter

شکارچی

painter

نقاش

baker

نانوا

electrician

برقی

builder

بنا

engineer

انجنیر

butcher

قصاب

plumber

نلدوان

postman

پستچی

soldier

سرباز

architect

معمار

cashier

صندوقدار

florist

گل فروش

hairdresser

ارایشگر

conductor

مامور تکت ریل

mechanic

میخانیک

captain

کاپیتان

dentist

داکتر دندان

scientist

دانشمند

rabbi

خاخام/ عالم یهودی

imam

امام

monk

راهب

pastor

ملا

hammer
چکش

pliers
پلاس

screwdriver
پیچ کش

wrench
رینچ

torch
چراغ دستی

excavator

ماشین حفاری

toolbox

جعبه ابزار

ladder

زینه

saw

اره

nails

میخ

drill

برمه

repair

ترمیم کردن

shovel

بیل

Damn!

لعنتی!

dustpan

خاکروبه

paint can

سطل رنگ

screws

پیچ

musical instruments

آلات موسیقی

loud speaker
بلندگو

drum set
درام کیت

double bass
کنترباس

trumpet
ترومپت

guitar
گیتار

piano

پیانو

violin

وایلن

bass

گیتار بیس

timpani

دهل

drums

دول

keyboard

پیانوی برقی

saxophone

ساکسوفون

flute

توله

microphone

میکروفون

tiger
ببر

entrance
ورودی

cage
قفس

zebra
گوره خر

animal feed
غذای حیوانات

panda
پاندا

animals

حیوانات

elephant

فیل

kangaroo

کانگورو

rhino

غژگاو

gorilla

گوریلا

bear

خرس

camel

شتر

ostrich

شترمرغ

lion

شیر

monkey

میمون

flamingo

فلامینگو

parrot

طوطی

polar bear

خرس قطبی

penguin

پنگوئن

shark

کوسه

peacock

طاووس

snake

مار

crocodile

تمساح

zookeeper

نگهبان باغ وحش

seal

سگ آبی

jaguar

پلنگ خالدار امریکایی

pony

اسب کوچک

leopard

پلنگ

hippo

اسب آبی

giraffe

زرافه

eagle

عقاب

boar

خوک وحشی

fish

ماهی

turtle

سنگ پشت

walrus

شیر دریایی

fox

روباه

gazelle

غزال

American football
فوتبال امریکایی

cycling
بایسکل سواری

tennis
تنیس

basketball
باسکتبال

swimming
آب بازی

boxing
بوکس

ice hockey
هاکی روی یخ

soccer

فوتبال

badminton

بدمینتون

athletics

ورزشکاری

handball

هندبال

skiing

اسکی

polo

پولو

laugh
خندیدن

jump
خیز زدن

hug
بغل کردن

walk
راه رفتن

sing
خواندن

dream
خواب دیدن

pray
دعا کردن

kiss
بوسیدن

write
نوشتن

draw
کشیدن

show
نشان دادن

push
تیله کردن

give
دادن

take
گرفتن

have

داشتن

do

انجام دادن

be

بودن

stand

ایستادن

run

دویدن

pull

کش کردن

throw

پرتاب کردن

fall

افتادن

lie

دروغ گفتن

wait

صبر کردن

carry

حمل کردن

sit

نشستن

get dressed

لباس پوشیدن

sleep

خوابیدن

wake up

بیدار شدن

look at

نگاه کردن

cry

گریه کردن

stroke

ضربه زدن

comb

شانه کردن

talk

صحبت کردن

understand

فهمیدن

ask

پرسیدن

listen

گوش دادن

drink

نوشیدن

eat

خوردن

tidy up

مرتب کردن

love

عشق ورزیدن

cook

پختن

drive

راننده گی کردن

fly

پرواز کردن

sail

روی آب حرکت کردن

calculate

حساب کردن

read

خواندن

learn

یاد گرفتن

work

کار کردن

marry

ازدواج کردن

sew

دوختن

brush teeth

برس کردن دندان ها

kill

کشتن

smoke

سگریت کشیدن

send

فرستادن

grandmother
مادرکلان

grandfather
پدرکلان

father
پدر

mother
مادر

baby
نوزاد

daughter
دختر

son
پسر

guest

مهمان

aunt

عمه / خاله

uncle

ماما/کاکا

brother

برادر

sister

خواهر

forehead
پیشانی

eye
چشم

shoulder
شانه

finger
انگشت

face
روی

chin
زنخ

hand
دست

breast
سینه

leg
پا

arm
بازو

baby

نوزاد

man

مرد

woman

زن

girl

دختر

boy

پسر

head

سر

back

کمر

belly

شکم

navel

ناف

toe

انگشت پا

heel

کوری پای

bone

استخوان

hip

کمر

knee

زانو

elbow

آرنج

nose

بینی

buttocks

سرین

skin

پوست

cheek

کومه

ear

گوش

lip

لب

mouth

دهان

tooth

دندان

tongue

زبان

brain

مغز

heart

قلب

muscle

عضله

lung

شش

liver

جگر

stomach

معده

kidneys

گرده

sex

رابطه جنسی

condom

کاندوم

ovum

تخمه

semen

آب منی

pregnancy

حاملگی

menstruation

قاعده گی

vagina

مجرای تناسلی، زن

penis

آلت تناسلی مرد

eyebrow

ابرو

hair

مو

neck

گردن

hospital
شفاخانه

ambulance
آمبولانس

wheelchair
چوکی چرخدار

fracture
شکستگی

doctor

داکتر

emergency room

اطاق عاجل

nurse

نرس

emergency

عاجل

unconscious

بیهوش

pain

درد

injury

جراحت

bleeding

خونریزی

heart attack

حمله قلبی

stroke

سکته مغزی

allergy

حساسیت

cough

سرفه

fever

تب

flu

انفلوانزا

diarrhea

اسهال

headache

سردرد

cancer

سرطان

diabetes

شکر

surgeon

جراح

scalpel

چاقوی جراحی

operation

عملیات

CT

سی تی

x-ray

ایکسری

ultrasound

سونوگرافی

face mask

ماسک روی

disease

مریضی

waiting room

اطاق انتظار

crutch

عصا

plaster

گچ

bandage

پانسمان

injection

تزریق

stethoscope

استاتسکوپ

stretcher

تذکره

clinical thermometer

ترمامیتر کلینیکی

birth

تولد

overweight

اضافه وزن

hearing aid

سمعک

disinfectant

ضدعفونی کننده

infection

عفونت

virus

وایروس

HIV / AIDS

اچ ای وی / ایدر

medicine

ادویه

vaccination

واکسیناسیون

tablets

تابلیت ها

pill

تابلیت

emergency call

تماس اضطراری

blood pressure monitor

مانیتور فشار خون

ill / healthy

بیمار / سالم

Help!

كمك!

alarm

زنگ هشدار

assault

تجاوز

attack

حمله

danger

خطر

emergency exit

خروج اضطراراى

Fire!

آتش!

fire extinguisher

آله ضد حريق

accident

حادثه

first-aid kit

بكسه كمك هاى اوليه

SOS

پيام اضطراراى

police

پوليس

Europe

اروپا

North America

امریکای شمالی

South America

امریکای جنوبی

Africa

آفریقا

Asia

آسیا

Australia

استرالیا

Atlantic

اقیانوس اطلس

Pacific

اقیانوس آرام

Indian Ocean

اقیانوس هند

Antarctic Ocean

اقیانوس منجمد جنوبی

Arctic Ocean

اقیانوس منجمد شمالی

North pole

قطب شمال

South pole

قطب جنوب

Antarctica

قاره قطب جنوب

earth

زمین

land

خشکی

sea

دریا

island

جزیره

nation

ملت

state

کشور

clock face

روی ساعت

hour hand

عقربه ساعت شمار

minute hand

عقربه دقیقه شمار

second hand

عقربه ثانیه شمار

What time is it?

ساعت چند است؟

day

روز

time

زمان

now

اکنون

digital watch

ساعت دستی دیجیتل

minute

دقیقه

hour

ساعت

week

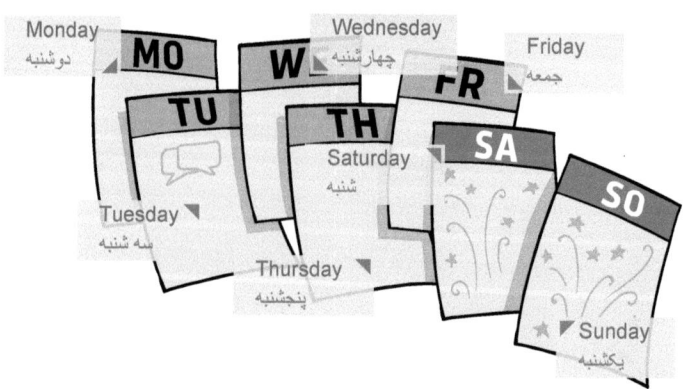

Monday
دوشنبه

Tuesday
سه شنبه

Wednesday
چهارشنبه

Thursday
پنجشنبه

Friday
جمعه

Saturday
شنبه

Sunday
یکشنبه

yesterday

دیروز

today

امروز

tomorrow

فردا

morning

صبح

noon

ظهر

evening

غروب

workdays

روزهای کاری

weekend

آخر هفته

rain
باران

spring
بهار

summer
تابستان

wind
شمال

fall
خزان

snow
برف

winter
زمستان

weather forecast

پیش بینی آب و هوا

thermometer

ترمامیتر

sunshine

آفتاب

cloud

ابر

fog

غبار

humidity

رطوبت

lightning

رعد و برق

thunder

الماسک

storm

طوفان

hail

ژاله

monsoon

موسم بارندگی

flood

سیل

ice

یخ

January

جنوری

February

فبروری

March

مارچ

April

اپریل

May

می

June

جون

July

جولای

August

اگست

September

سپتمبر

October

اکتوبر

November

نومبر

December

دسمبر

shapes

شکل ها

circle

دایره

square

مربع

rectangle

مستطیل

triangle

مثلث

sphere

کره

cube

مکعب

white

سفید

yellow

زرد

orange

نارنجی

pink

گلابی

red

سرخ

purple

بنفش

blue

آبی

green

سبز

brown

نصواری/قهوه یی

gray

خاکستری

black

سیاه

a lot / a little

زیاد / کم

angry / calm

عصبانی / آرام

beautiful / ugly

مقبول / بدرنگ

beginning / end

أغاز / پایان

big / small

بزرگ / کوچک

bright / dark

روشن / تیره

brother / sister

برادر / خواهر

clean / dirty

پاک / کثیف

complete / incomplete

کامل / ناقص

day / night

روز / شب

dead / alive

مرده / زنده

wide / narrow

عریض / باریک

edible / inedible

خوراکی / غیر خوراکی

evil / kind

عصبانی / دوستانه

excited / bored

هیجان زده / کسل

fat / thin

چاق / لاغر

first / last

اول / آخر

friend / enemy

دوست / دشمن

full / empty

پر / خالی

hard / soft

سخت / نرم

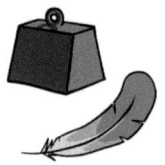

heavy / light

سنگین / سبک

hunger / thirst

گرسنگی / تشنگی

ill / healthy

بیمار / سالم

illegal / legal

غیر قانونی / قانونی

intelligent / stupid

باهوش / احمق

left / right

چپ / راست

near / far

نزدیک / دور

new / used

نو / کهنه

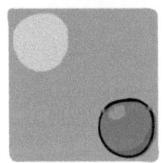

nothing / something

هیچ چیز / چیزی

old / young

پیر / جوان

on / off

روشن / خاموش ،

open / closed

باز / بسته

quiet / loud

بی صدا / پر سر و صدا

rich / poor

ثروتمند / فقیر

right / wrong

صحیح / غلط

rough / smooth

ناهموار / هموار

sad / happy

غمگین / خوشحال

short / long

کوتاه / بلند

slow / fast

آهسته / سریع

wet / dry

تر / خشک

warm / cool

گرم / سرد

war / peace

جنگ / صلح

0	**1**	**2**
zero	one	two
صفر	یک	دو
3	**4**	**5**
three	four	five
سه	چهار	پنج
6	**7**	**8**
six	seven	eight
شش	هفت	هشت
9	**10**	**11**
nine	ten	eleven
نه	ده	یازده

12
twelve

دوازده

13
thirteen

سیزده

14
fourteen

چهارده

15
fifteen

پانزده

16
sixteen

شانزده

17
seventeen

هفده

18
eighteen

هجده

19
nineteen

نوزده

20
twenty

بیست

100
hundred

صد

1.000
thousand

هزار

1.000.000
million

میلیون

English

انگلیسی

American English

انگلیسی امریکایی

Chinese Mandarin

چینی ماندارین

Hindi

هندی

Spanish

اسپانیایی

French

فرانسوی

Arabic

عربی

Russian

روسی

Portuguese

پرتغالی

Bengali

بنگالی

German

آلمانی

Japanese

جاپانی

I

من

you

شما

he / she / it

او / او / آن

we

ما

you

شما

they

آن ها

who?

کی؟

what?

چی؟

how?

چطور؟

where?

کجا؟

when?

چه وقت؟

name

اسم

behind

عقب

in

در

in front of

پیش روی

over

بالا

on

روی

under

زیر

beside

پهلو

between

میان

place

محل